NOTICE

D'UNE

COLLECTION DE TABLEAUX

DES TROIS ÉCOLES.

CATALOGUE

D'UNE COLLECTION

DE BONS TABLEAUX

DES TROIS ÉCOLES;

*Dont la Vente se fera le Lundi 21 Janvier
1811 et jours suivants, six heures de relevée,
en la grande Salle de l'Hôtel de Bullion,
rue J. J. Rousseau.*

L'Exposition aura lieu, audit Hôtel, le Dimanche 20
Janvier, de onze heures du matin, à quatre heures
de relevée.

SE DISTRIBUE A PARIS,

Chez MM.
- Destouches, Peintre-Artiste, rue Mazarino, N°. 41 ;
- Regnault, Commissaire-Priseur, rue des Trois-Couronnes, N°. 40.

1811.

Les lettres B. C. T. veulent dire : bois,
cuivre et toile.

CATALOGUE

DE TABLEAUX

Des Ecoles Hollandaise , Flamande
et Française.

VANBALEN.

1 L'enlèvement d'Europe. C. — — — . 84

RUISDAEL. (Salomon)

2 Paysage avec fabriques, vue de Hollande. B. *30-60*

BOTH et BAUDEWINS.

3 Un port de mer, orné de figures. T. — — *68 Roux.*

BREYDEL. (François)

4 Deux batailles. Composition capitale, et du beau faire de ce maître. T. *60 Roux.*

GRIFF.

5 La chasse aux canards, et la chasse aux renards. T. *85-5 Rorard jeune*

LAGRENÉE. (aîné)

les 4 tableaux vendu

104 — 6 Deux tableaux représentant, l'un la géométrie, et l'autre une des muses. T.

GRIFF.

85 — 7 Deux tableaux d'un beau faire, représentant des figures et des animaux. T.

ASSELIN. (Jean)

31 — 8 Marine. C.

DU JARDIN. (Karel)

72 — 9 Sujet tiré des fables d'Esope. B.

BREMBERG. (B.)

60 — 10 Paysage, figures et animaux. B.

ROTHENAMER.

37 — 11 La Vierge et l'enfant Jésus. B.

Composition de L'ALBANE.

39 — 12 La Samaritaine. C.

CIGNANI. (Charles)

38 — 13 Sujet de la fable. T.

HERMAN, *d'Italie.*

50 — 14 Saint Jean dans le désert. T.

(5)

BISCAYE. *les 6 tableaux*
15 Le tombeau de Rubens. C. *vendu en 2 lots*

GAROFALO.
16 L'Annonciation. B.

DIETRICK.
17 L'intérieur d'une caverne. T.

XAVERI.
18 Paysages, figures et animaux. B.

SOLARIO. (André)
19 Répétition d'un tableau du Musée Napoléon.

VAN HELMONT. (Lucas Cossel)
20 Une kermès. B.

CARRÉ. (M.)
21 Paysage orné de figures et animaux. B.

POTTER. (P.)
22 Paysage et animaux.

MOLNAERT.
23 Un hiver.

VERANDAEL.

24 Des fleurs et des fruits sur une table de marbre. B.

SWAGERS.

25 Une marine ornée de figures et d'animaux. T.

VAN ROMYN.

26 Paysage et figures. T.

BOTH et BAUDEWINS.

27 Deux tableaux, faisant pendants, ornés de figures et animaux. T.

DE MOOR. (C.)

28 Des baigneuses. B.

Attribué à Karel DU JARDIN.

29 Paysage orné de figures et d'animaux. B.

VITELLI. (G.-V.)

30 Vues de Venise, deux tableaux faisant pendants. T.

TREVISAN. (F.)

31 Le baptême de S. Jean. T.
32 Un intérieur de prison. T.

BÉGUYN.

33 Paysage, figures et animaux. T.

(7)

PELLEGRIN.

34 Paysage et figures. T.

POELEMBURG. (C.)

35 Sujet de la mythologie. B.

THULDEN, VAN.

36 Le triomphe de Neptune. T.

VITELLI. (G.-V.)

37 Des vues de Venise. T.

RACHEL RUISCH.

38 Des fleurs. T.

TENIERS. (David)

39 Tableau dans le goût de J. Bassan. T.

HONTE.

40 Un choc de cavalerie. T.

École italienne.

41 Annonciation. Ceintré du haut. B.

STEEN. (J.)

42 Un charlatan à la porte d'un cabaret. B.

TILBORG. (G.)

43 Intérieur de corps-de-garde. T.

BAKUYZEN.

44 Une marine. T.

LE MOINE. (F.)

45 Une femme nue, demi figure. T.

BLOEMEN, VAN.

46 Paysage, figures et animaux. T.

VANLOO. (C.)

47 Jésus parmi les docteurs.

LOIR. (Nicolas)

48 L'adoration des bergers. B.

MANGLARD. (Adrien)

49 Deux marines. B.

CARLODOLCI.

50 Assomption de la Vierge. C.

CASANOVA.

51 Une bataille. B.

D'après CORRÈGE.

52 Une Magdeleine pénitente. T.

J.-B. DEHEM.

53 Des fruits.

(9)

COYPEL.

54 Sujet d'histoire. — — — — 25" 55

JORDANS. (Lucas)

55 Deux tableaux faisant pendants. — — — 20

GOYEN, VAN.

56 Une marine. B. — — — — — 10

Composition du GUIDE.

57 Jésus au jardin des oliviers. C. *non vendu*

École flamande.

58 Une Magdeleine. T. — — — — 20

Le chevalier VOLAIRE.

59 Une éruption du Vésuve. T. *adans* 24

BERGHEM.

60 Portrait de l'auteur. T. *non vendu*

L. JORDANS.

61 Deux tableaux faisant pendants. T. *idem*

A. CUYP.

62 Intérieur de ménage. B. — — — *idem*

STELLA, *d'après LE POUSSIN*

63 Un Christ mort. B. — — — *idem*

VANBERG.

64 Des animaux. T. — — — — *idem*

D'ARICK.

non vendu 65 Paysages, figures et animaux. Deux tableaux. T.

Copie du POUSSIN.

jde 66 Une bacchanale. T.

École du CARRACHE.

jde 67 La grossesse de Calisto, et la toilette de Vénus. T.

SWAGERS.

jde 68 Une tempête. T.

VANDERDOES.

jde 69 Paysage, figures et animaux. T.

WOUVERMANS.

77 - 70 Un cavalier en repos. *Roux*

TÉNIERS. (D.)

3 v. 71 Une femme.

VITELLI.

18 = ʃ 72 Deux vues de Venise. *a Dans*

MICHEL VANLOO.

19 - ʃ 73 Une femme endormie.

VATTEAU. (A)

12 - 74 Concert champêtre.

ROOS. (Henri)

75 Paysage, figures et animaux.

STENWICK.

76 Intérieur d'un cloître; figures par Ettinxis.

POOL. (V.)

77 Un incendie.

HOOGSTRAETEN.

78 Portrait de femme.

HONTORST. (G.)

79 Un jeune homme allumant sa pipe. . . . .

HOET. (G.)

80 Deux tableaux, sujets de la fable.

METZU.

81 Un mandiant.

FOUQUIERES.

82 Deux tableaux de paysage.

DE HENS. (G.)

83 Paysage et figures.

HAKERT.

84 Une marine.

CAZE.

85 Vénus et Vulcain.

BLOEMEN, VAN.

86 Paysage, figures et animaux.

BEEL DE MAKER.

87 Des chiens.

BOTH et BAUDEWINS.

88 Paysage et figures.

CLOMP.

89 Paysage et animaux.

BOURDON. (S.)

90 Portrait.

BRAWER.

91 Intérieur.

BRÉEMBERG. (B.)

92 Paysage et architecture.

CRAESBECK.

93. Portrait de Frankale.

COCQUES. (G.)

94 Portrait de femme.

(13)

STUVEN. (E.)

95 Des fruits. — 13

NICASIUS.

96 Trois tableaux, de même grandeur, représentant 42. 50
des oiseaux morts et vivants. *en 2 lots* 22

MILLET. (Francisque)

97 Moyse sauvé des eaux. *adam* 79

Signé *TÉNIERS*. (D.

98 Tentation de Saint Antoine. — 180

LUCAS, *de Leyde.*

99 Saint Jean. *adam* 8

MORGAN.

100 Deux paysages ornés de figures. — 21

JEAN WOUVERMANS.

101 Un choc de cavalerie. — 23-10

VANDERKABEL.

102 Marché d'animaux. — 10

CARRACHE. (*gravé sous le nom de*)

103 Paysage orné de figures et d'animaux. — 92

Madame COSTES.

104 Du gibier mort. — 15

GENOELS.

105 Paysage et figures.

BOURDON. (S.)

106 Massacre des Innocents.

ORIZONTI.

107 Paysage.

VAN MOLE.

108 Tête de Jésus.

GUASPRE.

109 Paysage et figures.

VAN ÉKOUT.

110 Portrait d'homme.

LUCAS, *de Leyde.*

111 Une Vierge les mains jointes. B.

A. TÉNIERS.

112 Des paysans dansant à la porte d'un cabaret. T.

CHAVANNES.

113 Un paysage, figures et animaux. T.

HERMANN, *d'Italie.*

114 Un paysage avec figures et animaux. B.

SALVATOR-ROSA.

115 Un paysage. T.

LAGRENÉE. (l'aîné)

116 Deux tableaux , l'un représentant Vénus et
l'Amour, l'autre Vertume et Pomone.

ANDRÉ BOTH.

117 Un paysage , figures et animaux,

BLOEMART.

118 L'adoration des Bergers. B.

CARLO CIGNANI.

119 La Vertu couronnée.

ANTOINE CARRACHE.

120 Une sainte famille.

CHAPERON.

121 Des enfants qui s'amusent ou qui jouent.

VATTEAU.

122 Un amusement champêtre.

VANBALEN et KERINS.

123 La Vierge tenant l'enfant Jésus à qui des anges
présentent les instruments de la passion , sur un
fond de paysage par Kerins. C.

Sans nom.

124 Un paysage, fabrique et figures.

P. CORTONNE.

125 Un petit Saint Jean.

FRAGONARD.

126 L'Etude distribuant des couronnes à ses disciples. *Esquisse.*

BATTONI.

127 Deux tableaux, sujets de l'Ancien Testament.

MIGNARD.

128 Le portrait de la duchesse de Bourgogne.

129 Sous ce numéro seront vendus divers bons tableaux, gouaches et estampes, que le temps ne nous a pas permis de décrire ; deux beaux pianos à queues, dont un de Paschal Tasquin, et un de M. Blanchet ; et différents objets de curiosité, en bronze, marbre, etc., qui méritent l'attention des amateurs.

Veuve Dallaserre, Imprimeur de la Compagnie des Commissaires-Priseurs, rue S.-Merry, N°. 22.

M. Morel de Vindé rue
grange Batelière N°. 1.